MÉMOIRE

SUR

L'ISCHURIE URETÉRIQUE

ET SUR

L'URETÉROTEMNIE

OU TAILLE DE L'URETÈRE.

MÉMOIRE

SUR

L'ISCHURIE URETÉRIQUE

ET SUR

L'URETÉROTEMNIE

OU TAILLE DE L'URETÈRE.

PAR

LE DOCTEUR E. GIGON,

Médecin des Hôpitaux et des Prisons de la ville d'Angoulême.

Publications de l'**Union Médicale**, des 14, 16 et 21 Février 1856.

PARIS,

TYPOGRAPHIE FÉLIX MALTESTE ET Cie,

Rue des Deux-Portes-Saint-Sauveur, 22.

1856

MÉMOIRE

SUR

L'ISCHURIE URETÉRIQUE

ET SUR

L'URETÉROTEMNIE

OU TAILLE DE L'URETÈRE.

Les maladies des voies urinaires ont été tellement étudiées, tellement ressassées depuis le commencement de ce siècle, qu'il semble vraiment qu'il n'y a plus guère de recherches à faire sur ce sujet. L'ischurie, la maladie qui consiste dans l'impossibilité de l'émission de l'urine par suite d'un obstacle matériel au cours de ce liquide, est certainement l'accident qui mérite le plus de fixer l'attention des pathologistes, puisque si l'on ne parvient à rétablir les fonctions urinaires, la perte du sujet est certaine. Jusqu'ici, les études entreprises sur ce sujet ont presque exclusivement porté sur les maladies du canal de l'urètre et de la vessie ; l'anatomie de ces parties a été soigneusement décrite, ainsi que les causes qui produisent leurs maladies, et enfin les moyens d'y remédier ont été inventés avec profusion, pratiqués avec succès, surtout depuis Ducamp et les lithotriteurs; mais au milieu de cet immense mouvement scientifique, on chercherait vainement des notions sérieuses et suivies sur l'ischurie uretérique, et encore moins sur les moyens d'y remédier ; il semble que les faits si graves, si intéressans qui se rapportent à cette maladie ont été complétement oubliés ou omis. J'espère donc avoir fait une œuvre utile en étudiant cette partie de la pathologie chirurgicale; mais avant d'entrer dans les développemens qui m'ont été suggérés par l'étude de la question, qu'il me soit permis d'exposer le fait intéressant qui a servi de point de départ à ce travail.

OBSERVATION. — *Calculs du rein et de l'uretère.* — M. C... est un homme qui, actuellement, a 67 ans ; il est d'une forte corpulence, replet, sanguin, d'une taille ramassée ; il est goutteux depuis plus de vingt ans ; il a été fréquemment sujet à des atteintes de cette maladie, qui l'ont même retenu des mois entiers au lit ; il n'a pourtant conservé ni gonflement ni nodosités des articulations ; il a aussi un catarrhe pulmonaire qui présente des exacerbations annuelles.

Au mois d'août 1847, il fut atteint très gravement de la goutte, surtout aux articulations des pieds, et pendant cet accès, la complication catarrhale devint très intense ; il eut de la toux, de l'oppression, des crachats. — En même temps, le malade se plaignit d'une douleur dans la région du rein droit. (C'était la première fois que cette complication se montrait, bien qu'il eût rendu fréquemment des sables dans les urines.) Le malade eut de fréquentes envies de vomir, les urines même furent suspendues vingt-quatre heures, puis elles reprirent leur cours. Vers le milieu de septembre, l'amélioration étant prononcée, je cessai alors de le voir, attendu qu'il avait un médecin habituel. Le malade avait antérieurement rendu des sables, des graviers ; aussi, dans mon opinion, je fus convaincu que c'était un gravier qui s'était engagé dans l'uretère droit et qui avait déterminé tous les accidens rénaux, et, comme une amélioration sensible s'était produite, que des sables et de légers graviers avaient été rendus, je pensai que l'uretère s'était dégagé.

Les faits que je rapporterai plus loin justifieront ce diagnostic; mais non les prévisions qui nous faisaient croire à une terminaison tout à fait heureuse. Ce malade vint plus tard me consulter sur les appréhensions que lui causaient la présence des graviers dans les urines, je lui conseillai de faire un usage fréquent des eaux de Vichy. M. Bouillaud, consulté à la même époque, avait aussi conseillé l'emploi du bicarbonate de soude.

Pendant trois ans, C... se porta assez bien ; il put vaquer à ses occupations, rendit encore de temps en temps des sables et des graviers, mais il ne se sentit que de rares et légères atteintes de goutte. Vers cette époque, on lui persuada qu'un jeune médecin qui arrivait de Paris, avait apporté un remède infaillible pour guérir la goutte. Quoique notre homme ne fût pas très crédule, cependant il se laissa gagner : l'espérance est un oreiller si doux pour l'homme souffrant !... La prétendue panacée n'était autre chose que la teinture de colchique ; il en prit chaque matin 20 ou 30 gouttes à son lever, il cessa complétement l'eau de Vichy et les alcalins ; l'usage de la teinture de colchique fut suivi d'un calme assez prononcé, ou du moins il cessa presque complétement de souffrir de la goutte jusqu'à ces derniers temps ; mais aussi il ne rendit plus que très rarement des sables et des calculs, ce dont le bonhomme se félicitait en soi, croyant être débarrassé tout à la fois et de la goutte et de la gravelle, les deux fléaux de son existence.

Cependant, vers le commencement de décembre 1853, ce malade fut attein d'un accès de goutte qui le retint chez lui complétement ; les pieds d'abord, les doigts et les poignets ensuite furent gonflés et douloureux.

Le malade ne fit aucun traitement, et, vers la fin de décembre, l'amélioration était assez sensible ; il n'y avait plus aucune douleur, seulement les poignets étaient un peu gonflés, la marche était difficile.

Comme cet homme avait des affaires à Jarnac, à 28 kilomètres d'Angoulême, il s'y rendit le 25 décembre ; il y resta trois jours, obligé de marcher et de se fatiguer beaucoup ; puis il revint le 29 dans une voiture découverte, mal suspendue ; alors il faisait un froid très intense ; pendant la route, il se sentit très fatigué, très souffrant ; il descendit de voiture deux fois et urina ; il commença à éprouver une vive douleur dans la région du rein gauche, et cessa de rendre des urines ; il avait, en se couchant, à peine rendu quelques cuillerées de ce liquide excrémentitiel ; on me pria le 30, au matin, de passer le voir, et voici ce que j'observai :

C... est couché dans son lit en supination ; il se plaint d'une vive douleur dans le côté gauche, un peu au-dessous de la crête de l'os des îles, à quelques travers de doigts du rachis ; la douleur va s'irradiant jusqu'au bas du ventre et dans la région épigastrique ; alors il survient des envies de vomir, suivies à peine de quelques gorgées d'un liquide incolore ; la pression dans la région lombo-rénale gauche est suivie d'une augmentation de douleur ; il n'y a pas de rétraction du testicule correspondant ; le malade n'a rendu, depuis la veille au soir, que deux ou trois cuillerées d'urine dans le vase de nuit ; elles sont blanchâtres, épaisses ; il paraît, au reste, que chez ce malade, les urines sont habituellement chargées et contiennent du mucus filant semblable à celui du catarrhe vésical.

Du côté du sein droit, il n'y a rien de semblable, ni douleur ni tuméfaction. Le ventre est très gros, par suite de l'état d'embonpoint énorme de cet homme ; mais il n'y a à cet égard rien de particulier ; il n'y a pas de fièvre ; le pouls bat 75 pulsations ; les autres organes n'offrent rien à noter de particulier.

Diagnostic : En présence d'une douleur fixe placée dans la région du rein et du flanc gauche, s'irradiant vers la vessie et l'estomac et sans fièvre, avec absence d'urine, en me rappelant surtout les antécédens du malade, son état de goutte, sa gravelle antérieure, je pensai immédiatement qu'il s'agissait d'un gravier qui avait dû s'engager dans l'uretère, par suite des secousses de la voiture lors de son voyage, et je mis en usage le traitement suivant :

Saignée du bras de 400 grammes ; onctions belladonées et fomentations émollientes sur le ventre.

Potion belladonée à l'intérieur (10 centig. pour 120 grammes de véhicule) ; boisson alcalisée avec le bicarbonate de soude (3 gram. pour 500 gram. de liquide) ; lavement émollient.

Le 31, la suppression d'urine est complète.

Il n'y a rien eu d'excrété ; le besoin ne s'en est même point fait sentir. La douleur dans la région du rein gauche est très vive ; les vomissemens ont été très fréquens, très peu abondans ; la langue est épaisse, saburrale. Le ventre s'est un peu développé ; il paraît plus volumineux qu'hier, et donne un son légèrement tympanique à la partie sus-ombilicale.

De plus, le catarrhe pulmonaire a commencé à se montrer ; il y a de la toux et un peu d'expectoration. La soif est vive, mais le malade n'ose pas boire, parce que, dit-il, n'urinant pas, il craint de s'engorger ; il nous consulte sur ce sujet, et nous pensons qu'il doit boire, attendu que l'abondance du liquide sécrété par le rein doit contribuer à pousser le gravier que nous supposons engagé dans l'uretère. Nous prescrivons de nouveau :

Saignée de 400 grammes ce matin; ce soir, bain entier de deux heures; le reste de même.

Le 1er janvier, il n'y a pas eu d'urine sécrétée; l'*anurie* est complète; il n'y a nulle envie d'uriner; le bain a été très bien supporté; tout le traitement a été bien exécuté; le malade désire ardemment guérir; malgré cela, la douleur persévère dans le rein gauche; rien à droite. La toux catarrhale est fréquente; les crachats abondans, verdâtres. L'auscultation fait distinguer en arrière des râles muqueux assez nombreux.

La pression abdominale dans la région pubienne ne développe aucune douleur, ne fait distinguer aucun corps insolite; la percussion y est moins claire que dans les autres points; mais cet homme est si gros, les parois abdominales sont si épaisses, qu'il est difficile d'avoir une idée très exacte de la vessie; je me décide à pratiquer le cathétérisme afin d'explorer le col de la vessie et de bien m'assurer qu'aucun obstacle n'entrave la miction. La sonde pénètre avec la plus grande facilité dans la vessie, il ne sort pas une goutte de sang, il s'échappe seulement quelques gouttes d'une urine blanchâtre épaisse, semblable à la dernière que cet homme a rendue.

La sonde ne peut être retournée dans aucun sens; il est facile de voir que la vessie est vide, revenue sur elle-même; on ne distingue, au reste, aucun corps étranger, aucun calcul dans sa cavité.

Traitement *ut suprà*, moins la saignée.

2 janvier. Même état, rien de nouveau.

Ce jour-là, on décide qu'une consultation aura lieu à huit heures du matin, et mes estimables confrères Besnard, Vigneron, Clauzure sont invités à se réunir à moi.

3 janvier. La consultation a lieu et mes confrères et moi constatons encore une vive douleur en arrière dans le côté gauche, région sous-diaphragmatique au lieu déjà désigné, la pression sur ce côté est toujours plus douloureuse, elle s'irradie toujours vers la vessie, mais l'irradiation épigastrique, mais le vomissement et les envies de vomir ont à peu près cessé.

Quant au rein droit, il n'y existe ni douleur spontanée, ni douleur occasionnée même par la plus forte pression.

Le ventre prend un développement considérable, la percussion y fait distinguer un son tympanique des plus prononcés, mais surtout dans la partie sus-ombilicale et dans les régions latérales, c'est-à-dire dans tout le trajet du colon; quant à la partie sus-pubienne, quoique sonore, elle l'est beaucoup moins.

La toux est toujours fréquente, les crachats abondans, verdâtres ; les signes stéthoscopiqnes sont les mêmes, la respiration est gênée, nombreuse, (30 par minute) ; la face est rouge, congestionnée, le pouls à 80-82, encore plein. Les membres n'ont point de traces de douleurs goutteuses, cependant le poignet droit a encore un peu de gonflement, il est empâté, sans douleur. L'anurie est toujours complète.

Mes estimables confrères pensèrent, comme moi, qu'il s'agissait d'un calcul engagé dans l'uretère et que c'était bien là la source de tous les accidens. Cependant, objecta l'un d'eux, comment si le rein gauche est obstrué, la secrétion urinaire est-elle complètement suspendue, lorsque le rein droit ne donne aucun signe de souffrance ? Ne pourrait-il pas se faire que la métastase, le *transport* goutteux eussent atteint ces deux organes à différens degrés et que le plus fortement atteint seul donnât des signes de maladie ? Alors seulement on se rendrait compte de l'absence complète de secrétion urinaire.

Cette objection était assez spécieuse, assez embarrassante ; cependant le diagnostic fut maintenu, et le traitement suivant fut institué :

1° Application de 20 sangsues *loco dolenti* ;

2° Bain entier prolongé;

3° Petit-lait nitré, eau de Vichy;

4° Promener des sinapismes sur les articulations pour tâcher de rappeler la goutte ;

5° Onctions belladonées ;

6° Comme le ventre est très ballonné, les évacuations fécales insignifiantes, que des liquides assez abondans ont été ingérés sans avoir été éliminés par les urines, demain matin on donnera un purgatif (60 gram. huile de ricin et 4 gouttes de croton tiglium);

7° Potion belladonée et laudanisée.

Ce traitement fut scrupuleusement exécuté, le malade voulait beaucoup vivre, et les soins lui étaient exactement administrés.

Les sangsues ont beaucoup saigné ; les évacuations alvines ont été fort abondantes ; les poignets sont devenus rouges et gonflés par suite de l'emploi des sinapismes, mais la goutte n'a pas paru ; l'anurie est toujours complète.

Le 5, je sonde de nouveau le malade ; quelques gouttes s'échappent exactement semblables aux premières.

Le 6, nouvelle consultation. Constatation de la persistance des mêmes accidens. Cependant, le malade se plaint moins de la douleur du côté gauche ; mais ce qui me frappe surtout, c'est le gonflement de l'abdomen, gonflement tympanique énorme, qui repousse le diaphragme et gêne considérablement la respiration ; aussi la face est-elle vultueuse, violacée, la dyspnée considérable ; le malade est assis dans son lit ; il n'a pas de sommeil ni nuit ni jour, et si parfois les yeux se ferment quelques secondes, il se réveille en sursaut, étouffant, poussant des gémissemens.

Le pouls est assez fréquent à 85, mais mou et dépressible.

Le conseil persévère dans son diagnostic, et reconnaît que le rétablissement du cours des urines peut seul amender cette maladie.

J'étais tellement persuadé que c'était en effet la seule voie de salut qui nous restât, et que, me rappelant quelques autres observations du même genre où l'on avait trouvé l'uretère aussi développé que l'intestin, je proposai à mes confrères de pratiquer une opération qui aurait pour but de donner une issue à l'urine.

Ne pourrait-on pas attaquer les parois de l'abdomen, et amener l'uretère à l'extérieur, comme on le fait pour l'intestin dans le cas d'anus anormal ? Pour cela, si l'obstacle se trouvait à l'orifice vésical de l'uretère, on pouvait ouvrir l'abdomen à sa partie inférieure, au-dessus du ligament de Poupard, décoller le péritoine, et, suivant le trajet de l'artère iliaque primitive, aller saisir l'uretère au moment où ce canal croise ce vaisseau, ou bien on pourrait encore attaquer l'abdomen par la partie postérieure, et aller saisir l'uretère dans son premier tiers pour l'attirer à l'extérieur, ce qui me paraissait possible en raison du développement et de l'élasticité de ce canal ; je pensai même que c'était à ce dernier procédé qu'il fallait recourir, attendu que la persistance de la douleur dans la région rénale droite semblait indiquer que le calcul se trouvait au voisinage de cet organe. Cette idée, qui était jaillie spontanément et instantanément de mon cerveau, ne fut point acceptée par les consultans. On objecta que cette opération n'avait été ni exécutée par aucun chirurgien, ni même décrite par aucun auteur ; que l'idée n'était pas assez mûre pour la faire passer dans l'application, dans le domaine des faits ; on m'objecta que notre malade était tellement gros, tellement pourvu de graisse, qu'il serait à peu près impossible ou du moins fort difficile d'aller saisir l'uretère. Cette idée fut donc abandonnée ; chacun de nous pensa, dès lors, que le malade s'acheminait vers le tombeau. On fit appliquer des vésicatoires dans la région des reins ; on eut recours aux pilules purgatives et antigoutteuses de Lartigue, aux sinapismes, aux linimens camphrés, ammoniacés, éthérés sur l'abdomen. Tous ces remèdes n'apportèrent aucun changement, aucune amélioration au malade.

Le ventre prit un développement toujours croissant dans les jours qui suivirent (le 8 et le 9) ; il était arrivé à un point tel que je n'en ai

jamais vu un si volumineux ; la percussion dans le trajet du colon transverse donnait un son clair et tympanique comme un tambour ; au-dessous de l'ombilic, ce son était moins clair et moins retentissant ; il n'y
avait nulle fluctuation. Bien que l'expectoration eût cessé complétement,
la dyspnée était devenue anhélante. En examinant les doigts, on trouvait les ongles violacés, ainsi que les nœuds des articulations : tous ces
signes indiquaient une asphyxie imminente ; les urines restèrent suppri-
mées jusqu'au 9.

Le 9, vers cinq heures du soir, au moment où l'affaiblissement du malade était extrême, il commença à rendre spontanément quelques
urines ; d'abord il en sentit le besoin et rendit quelques cuillerées, puis
il en rendit dans son lit, à plusieurs reprises, des quantités assez considérables, évaluées par ceux qui le soignaient à un demi-litre environ.
La petite quantité que l'on me montra le soir du 9 était toujours trou-
ble, blanchâtre. Malgré le retour des urines, après une suppression de
onze jours, l'abdomen resta toujours développé, l'état d'asphyxie conti-
nua, et le malade succomba le 10, au matin, ayant conservé son intelli-
gence presque jusqu'à la dernière heure.

L'autopsie fut faite le lendemain.

Autopsie de C..., faite le 11 janvier 1854, à huit heures du matin,
vingt heures après la mort.

Etat extérieur. — La face a pâli, au lieu d'être d'un rouge foncé
comme elle l'était pendant la vie.

Le ventre est toujours aussi ballonné, surtout à la partie supérieure,
dans la région épigastrique, où il existe véritablement une tuméfaction
énorme. La percussion y fait distinguer une grande sonorité, un bruit
clair et tympanique ; le son est moins clair dans la partie supérieure et
moyenne.

Le sillon des cuisses est en suppuration. Le scrotum également est
ulcéré d'une manière générale et comme sphacélé.

Ouverture de l'abdomen. — Lorsque la paroi antérieure du ventre
fut enlevée, nous distinguâmes immédiatement un vaste épiploon chargé
de graisse, fort épais ; du reste, il n'y a rien, à l'apparence, de morbide
ni dans cet épiploon, ni dans le péritoine en général ; la couleur en est
naturelle ; il y a à peine quelques cuillerées de sérosité à la partie inférieure.

Après avoir enlevé l'épiploon nous embrassons de la vue la masse
des intestins qui sont, en général, très balonnés (1) ; tout le colon, et

(1) Cette masse refoule fortement le diaphragme en haut ; il était évidemment de
toute impossibilité que ce muscle pût fonctionner et concourir à la respiration

surtout le colon transverse, est excessivement développé, il paraît beaucoup plus gros que le bras du cadavre, il est exactement comme si on l'eût insufflé artificiellement ; le cœcum est dans le même état. Comme il s'agissait avant tout pour nous d'examiner l'état des reins et surtout du rein gauche, nous détachons avec précaution la masse intestinale que nous pûmes extraire complétement. Le mésentère n'est qu'une vaste masse de graisse, toute la partie postérieure de l'abdomen est tellement garnie de graisse que l'on ne distingue absolument rien ; les reins, les uretères, et jusqu'à la vessie, sont noyés dans des masses graisseuses qui rendent l'observation fort difficile. Après avoir débarrassé ces organes d'une partie de la graisse qui les enveloppe, il est facile de constater que le rein gauche est très volumineux ; l'uretère aussi est un peu plus gros à gauche qu'à droite, sans qu'il y ait rien d'extraordinaire. Si l'on suit avec le doigt le trajet du canal urinifère à gauche on distingue, à environ 7 ou 8 centimètres de son origine, une dureté, et, en pinçant, on reconnaît bien vite la présence d'un calcul.

Ce rein est volumineux, d'une couleur violacée, marbrée ; fendu sur la partie convexe, lorsqu'on arrive vers les bassinets, il s'écoule une quantité assez considérable d'un liquide blanchâtre en tout semblable à l'urine que le malade avait rendue devant moi. Cette urine provient des calices et du bassinet engorgés ; la substance corticale ou glanduleuse du rein est fort épaisse, d'un rouge-foncé, d'une densité considérable ; la substance mamelonnée ou tubuleuse présente son apparence rayonnée et n'a rien de particulier ; les calices et le bassinet sont fort développés, ce dernier est d'une capacité double de son état normal.

Les calices sont au nombre de douze ; tous, excepté un, logent un ou plusieurs petits calculs plus ou moins arrondis, et dont le nombre total s'élève à quatorze.

Ces calculs sont grisâtres ; la plupart sont ronds ; un d'entre eux est allongé, aplati, pointu, contourné en vrille et entortillé dans les anfractuosités que présente la cavité dans laquelle il est placé. Ces quatorze petites pierres pesent en tout 29 gram. 10 centig. Si on fend l'uretère et le bassinet de ce rein, on arrive bientôt sur la petite pierre dont nous avons parlé, elle est grise, assez lisse, de la grosseur d'une petite noisette, irrégulièrement arrondie et bien supérieure en volume à la capacité du canal dans lequel elle était engagée ; elle pèse 50 centig. ; son diamètre transverse présente 6 millim., l'autre en présente 10.

Toute le face interne de l'uretère, au dessus de ce calcul, est d'un rouge de sang pointillé, qui s'arrête presque vis-à-vis de l'obstacle ; au dessous la membrane reprend la couleur normale.

Cette rougeur s'étend aussi dans la membrane qui tapisse la face interne du bassinet et des calices, mais elle est moins intense que dans l'uretère.

Rein droit. — Il est beaucoup plus petit que son congénère. Après l'avoir dégorgé de la graisse, on touche, à peu près à la même hauteur que de l'autre côté, une pierre placée dans l'uretère ; après avoir soulevé ce rein, nous constatons qu'il est mou, sans consistance ; à la partie inférieure on distingue une tumeur arrondie renfermant une matière molle et diffluente. Après l'avoir fendue on s'aperçoit que la substance intérieure de ce rein a disparu à peu près complétement ; on ne distingue ni substance tubuleuse ni substance corticale ; le rein n'est plus formé que par une sorte de coque, de membrane charnue ayant 1 ou 2 millimètres d'épaisseur ; c'est la substance corticale atrophiée, la couleur en est d'un rouge-foncé avec de vastes cavités où l'on reconnaît la place des calices et du bassinet ; la tumeur arrondie, placée à la partie inférieure, est constituée par un kyste du volume d'une noix, plein d'une matière athéromateuse, molle et diffluente.

L'uretère étant fendu, nous arrivons bientôt sur le calcul que nous avions déjà touché à l'extérieur ; il est au moins aussi volumineux que celui du côté opposé, il obstrue complétement le canal dans lequel il est contenu, et adhère aux parois environnantes de la manière la plus intime ; pour l'enlever il faut l'arracher, et encore des parcelles restent attachées et comme incrustées à la paroi de l'uretère. Au dessus de ce calcul, la membrane interne de cet uretère est d'une couleur gris-ardoise qui s'étend jusque dans les cavités supérieures ; cette pierre est poreuse, remplie de petites cavités comme un madrépore ; elle est en cela fort différente des calculs du côté opposé ; il semble qu'il s'était fait là un travail de résorption interstitielle.

Ces deux reins étaient d'un poids bien différent : le rein gauche pesait 275 gram., les débris du rein droit 73 gram., après que le kyste eût été vidé.

La surface des cavités internes du rein gauche était revêtue d'une couche de mucosités épaisse, rougeâtre, gluante, que le frottement seul put faire disparaître ; le rein droit n'avait rien de semblable, les mucosités qu'on avait remarquées dans les urines provenait sans doute de cette source.

La vessie ne contenait aucun calcul, la muqueuse était tapissée d'une injection pointillée, violacée et générale, qui me parut se rapporter bien plus à l'état d'asphyxie dans lequel était mort le sujet, qu'à un état inflammatoire ; il y avait quelques cuillerées d'urine dans ce réservoir.

L'estomac seul a été ouvert. Il contenait beaucoup de liquide, la surface interne en était rouge, arborisée par places, mais la membrane muqueuse avait assez de résistance pour ne pas être entamée par le grattage de l'ongle ; le reste de l'intestin ne fut pas ouvert, les circonstances ne s'y prêtant pas : cela, du reste, présentait peu d'intérêt, attendu que le malade n'avait donné aucun signe de maladie de ce côté. Nous pûmes seulement constater que tous les intestins étaient remplis de liquides et de gaz ; les liquides s'étaient accumulés dans les intestins, attendu qu'il n'y avait plus d'émonctoires pour les éliminer, et que l'absorption n'avait plus lieu. Cependant le malade avait été purgé abondamment à deux reprises différentes.

Les vaisseaux mésentériques étaient généralement très gorgés et donnaient une couleur violacée à l'intestin ; la couleur des poumons était également très violacée, bien que le tissu en fût bien crépitant. Le cerveau ne fut pas ouvert.

Réflexions. — Cette observation présente plusieurs circonstances d'un haut intérêt ; d'abord l'autopsie confirme le diagnostic qui avait été porté du vivant du malade ; il s'agissait bien en effet, dans la dernière maladie, d'un calcul engagé dans l'uretère.

L'autopsie a aussi projeté la lumière sur le doute, l'incertitude qu'avait fait naître l'absence complète d'urine ; c'est qu'il existait dans le rein droit une affection ancienne, datant de plusieurs années, parfaitement semblable à la dernière : un calcul s'était engagé dans l'uretère droit, avait annulé complétement l'action du rein correspondant, d'où une atrophie s'était suivie, une adhérence complète entre la pierre, la muqueuse et l'uretère ; mais une particularité digne de remarque, c'est que la pierre engagée semblait être en proie à un travail de résorption comme un tissu organique, et pendant que la pierre récente était compacte, l'ancienne était poreuse, pleine de vacuoles, comme un véritable madrépore. Peut-être que, si cette pierre fût restée encore longtemps, elle aurait fini par disparaître à peu près complétement.

En passant, j'insisterai sur ce point important, sur le lieu d'arrêt des deux pierres. Il est digne de remarque que, des deux côtés, c'est à 6 ou 7 centimètres qu'elles se sont arrêtées; plus tard, je donnerai la raison anatomique de ce fait.

L'autopsie est venue aussi justifier l'opinion que nous avions émise, dès le vivant, à savoir que le malade succombait, non aux atteintes de la rétention d'urine, mais à l'asphyxie; l'extrême développement des intestins, tendus comme par une insufflation artificielle, rendait en effet le jeu du diaphragme et des côtés impossible, et cette circonstance seule devait produire la mort.

L'anurie, il est vrai, pouvait amener ce résultat, mais beaucoup plus tardivement; notre malade, en effet, n'est resté que dix jours sans uriner, puisque le dernier jour la miction semblait s'être rétablie, tandis que, dans un cas sur lequel nous avons recueilli des détails assez complets, nous avons vu chez une femme délicate, faible, atteinte d'une maladie de Bright, l'anurie se prolonger dix-huit jours et finir par la mort, après que la malade eût présenté un gonflement de la face. Cette observation vient prêter appui aux patriciens qui, dans le cas de graviers engagés dans l'uretère conseillent les saignées, les bains, les narcotiques, l'émétique et autres débilitans. En effet, tant que l'économie conserve la force et la puissance, tant que l'uretère peut se contracter sur la pierre engagée qui l'irrite, l'urine placée au dessus ne peut couler; mais nous avons vu que, lorsque les traitemens débilitans, lorsque une diète prolongée, l'affaiblissement occasionné par l'asphyxie ont déterminé un relâchement des tissus contractiles (1), l'ure-

(1) Bichat admet une tunique musculaire dans l'uretère, Cruveilhier un tissu d'artroïde, l'un et l'autre contractiles, et fort analogues quant à leurs fonctions.

tère se relâche, l'irritabilité s'émousse, le calcul n'est plus embrassé exactement ou serré par l'uretère, et l'urine trouve une issue entre l'obstacle et le canal, là pierre et le conduit uretérique; il est évident que cette condition organique, qui facilite l'écoulement de l'urine, doit aussi faciliter la descente du calcul.

Cette observation, dans laquelle on voit le diagnostic et le pronostic si cruellement justifiés, m'avait vivement frappé; j'avais éprouvé une impression pénible d'assister à cette agonie si lente, si douloureuse, dont l'issue était prévue et dont la cause était démontrée pour moi, et, lorsque les recherches de l'anatomiste eurent justifié toutes les prévisions du médecin, je me demandai encore si, en pareille occurrence, je devrais rester les bras croisés en face d'une mort certaine; j'avais émis une idée hardie, neuve, téméraire peut-être, dans la consultation du 7 janvier; je me demandai si cette idée devait être complétement rejetée, je recherchai d'abord si les auteurs avaient examiné cette question, et partout je trouvai le silence le plus absolu.

Et pendant que la rétention d'urine antéro-vésicale a donné lieu à d'immenses travaux, c'est à peine si quelques mots ont été consacrés à la rétention urinaire postéro-vésicale.

Cependant, bien qu'elle soit moins fréquente que la première, elle paraît se produire assez souvent, et, en feuilletant les collections des recueils périodiques, on trouve un certain nombre d'observations où cette rétention a produit la mort; je me suis donc déterminé à faire quelques recherches, quelques expériences sur ce sujet.

Je déclare tout d'abord que je n'ai nullement l'intention de traiter de la néphrotomie. Déjà cette question a été largement étudiée; elle paraît abandonnée par les chirurgiens en raison des innombrables dangers qu'elle présente. Les recherches que je vais présenter s'appliquent exclusivement à l'uretère sur lequel je me propose de pratiquer une opération que je désignerai sous le nom d'*uretérotemnie*. Je vais commencer à me livrer à des recherches sur l'anatomie de l'uretère dont quelques points avaient échappé complétement aux anatomistes.

La douzième côte s'articule, comme on sait, avec la facette articulaire de la douzième vertèbre dorsale ; cette côte fait, avec la colonne vertébrale, un angle un peu aigu.

C'est dans le sinus de cet angle, tourné en bas, que se trouve situé le rein dont le bord concave est tourné du côté de la colonne vertébrale et à peu près vis-à-vis la deuxième vertèbre lombaire.

L'uretère, comme on sait, est le canal membraneux qui conduit l'urine du rein à la vessie, il se détache du rein par son bord interne et concave pour se rendre au bas-fond de la vessie où son orifice concourt à former le trigone vésical.

Dans ce trajet, l'uretère suit, avec de légères inflexions, la direction de la colonne vertébrale accolé aux muscles psoas, puis, arrivé à l'entrée du bassin, il croise l'artère iliaque primitive vis-à-vis la symphyse sacro-iliaque, et, se déviant légèrement en dedans, il atteint la vessie, dans l'épaisseur de laquelle il rampe l'espace de 1 centimètre 1/2 environ et vient s'ouvrir d'une façon très oblique dans la cavité de cet organe. L'uretère, avons-nous dit, présente de légères flexuosités dans ce trajet ; aussi, si l'on mesure la distance du rein à l'inosculation de l'uretère dans la vessie, on trouve une différence de longueur selon que l'on mesure les organes en place ou les organes détachés du cadavre. Dans les dissections que j'ai pratiquées, j'ai noté les longueurs suivantes chez les adultes :

Organes en place.	*Organes détachés.*
0ᵐ,22 centimètres.	0ᵐ,28 centimètres.
0ᵐ,22 —	0ᵐ,27 —.
0ᵐ,25 —	0ᵐ,27 centim. 5 millim.
0ᵐ,25 —	0ᵐ,31 centimètres.
0ᵐ,24 —	0ᵐ,27 —

Il suit donc de là qu'il y a une différence de 4 ou 5 centimètres chez l'adulte entre l'uretère en place et l'uretère détaché, observation qui a une certaine importance, attendu qu'elle explique, jusqu'à un certain point, les dimensions considérables que prend ce canal membraneux dans certaines rétentions d'urines uretériques.

Outre ces dimensions générales, il y a encore quelques observations particulières que nous devons faire; le rein droit est toujours situé un peu plus bas que le rein gauche; cette différence ne peut guère être estimée à plus de 1 ou 2 centimètres, mais cela n'influe en rien sur la longueur réelle de l'uretère droit, les deux conduits ont toujours la même dimension.

M. Cruveilhier a signalé un cas particulier qu'il est bon de consigner ici : cet anatomiste célèbre croit que la pression exercée sur la taille par le corset, à la base du thorax, peut, chez les femmes, pousser le rein vers les fosses iliaques; dans un cas du moins, il a trouvé cet organe occupant ce point topique de l'abdomen. M. Cruveilhier n'a rien dit de la situation de l'uretère dans cette circonstance, mais il est peut-être utile, au point de vue de la pathologie, de remarquer quelles peuvent être les conséquences de cet état de choses.

L'uretère est collé le long des muscles psoas auxquels il est uni par du tissu cellulaire; le péritoine qui passe sur sa partie antérieure le maintient uni assez fortement à ce muscle; c'est

donc à tort que les anatomistes disent que l'uretère est maintenu lâchement en place.

Il suit de la disposition que nous avons signalée que, lorsque
le rein est poussé en bas par une pression quelconque, l'uretère ne peut suivre son déplacement par un mouvement de
totalité; alors le rein exerce une traction sur l'uretère, de manière à lui faire former une arcade à convexité supérieure et
d'autant plus prononcée, que le rein est plus bas. Cette disposition doit apporter un notable obstacle à la circulation de
l'urine, favoriser la formation des graviers, et en rendre
l'expulsion fort difficile, pour ne pas dire impossible.

Au reste, ceci n'est pas tout-à-fait une explication *à priori*,
attendu que, sur un des sujets qui m'ont servi à ces recherches, le rein droit, qui était abaissé de quelques centimètres
et placé entre la troisième et la quatrième vertèbre, avait un
uretère qui présentait un commencement de courbure; c'est
même l'observation de ce fait qui m'a suggéré les réflexions
précédentes.

Forme de l'uretère. — C'est là le point le plus important au
point de vue de la pathologie, et pourtant le plus négligé et
le plus inconnu.

Les anatomistes, en parlant de l'uretère, disent qu'il a une
forme cylindroïde. C'est là une grave erreur, jamais l'uretère
n'affecte une pareille forme. L'uretère est toujours formé par
une succession de dilatations et de resserremens qui consti-
tuent, en général, plusieurs appendices fusiformes placés les
uns à la suite des autres. Pour bien voir la figure et les dimensions de l'uretère, il faut le détacher avec soin, avec le rein et
la vessie ; par l'orifice vésical de l'uretère, on pousse une
injection d'eau pure et on lie l'uretère à son insertion vésicale,

alors l'uretère prend des dimensions considérables, et voici ce qu'on observe.

Uretère détaché et dilaté par une injection aqueuse forcée.

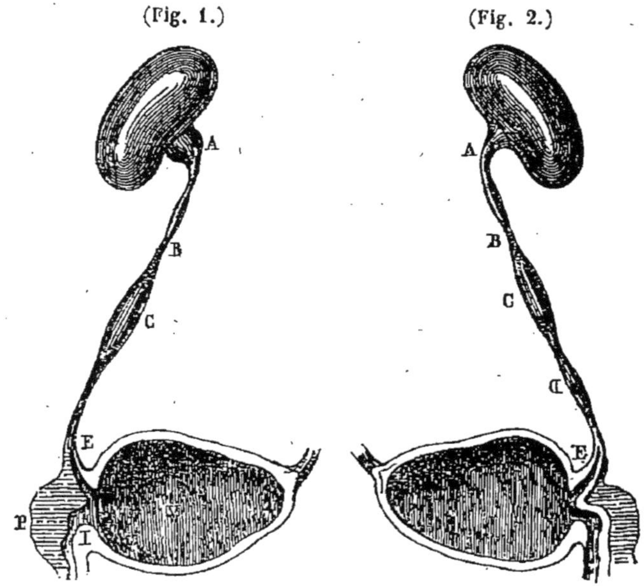

A Infundibulum. — *B* Col de l'uretère. — *C* Premier renflement. — *D* Second renflement. — *E* Inosculation urétéro-vésicale. — *P* Prostate. — *V* Vessie (coupe médiane). — *I* Col de la vessie.

L'uretère, dans sa partie la plus rapprochée du rein, présente une dilatation connue sous le nom d'*infundibulum*. Cette dilatation présente un diamètre vertical plus étendu que le diamètre antéro-postérieur. J'ai noté que ce dernier diamètre varie de 8 à 10 millimètres. Quelquefois l'infundibulum est exactement rond et assez semblable à une embouchure de trombonne. L'infundibulum n'est, à proprement parler, qu'une prolongation du bassinet, et qui se forme avec le temps : aussi cette partie n'existe pas chez le fœtus. J'ai disséqué deux fœtus mâles, et, après avoir injecté les uretères, j'ai constaté l'absence complète de l'infundibulum ; l'uretère est, au contraire, très mince et pointu à sa sortie du rein.

Sur le cadavre d'un enfant de 14 ans, déjà l'infundibulnm était fort développé, presque autant que chez l'adulte.

A la suite de l'infundibulum il vient une partie de 3 à 4 centimètres (fig. 1) cylindroïde quelquefois, mais le plus souvent légèrement fusiforme, et, à la suite de ce renflement fusiforme vient une partie très rétrécie de 1 ou 2 centim. de longueur ; c'est au milieu de cet espace que se trouve le point le plus rétréci ; ceci est une disposition constante. J'ai disséqué dix cadavres à l'amphithéâtre de l'hôpital d'Angoulême ; dans le nombre se trouvaient des fœtus, des adolescens, des adultes, des vieillards, des hommes, des femmes ; chez tous j'ai rencontré ce rétrécissement remarquable auquel, vu son importance pathologique, j'ai cru devoir imposer la dénomination de *col de l'uretère*. Dans quelques cas rares le col uretérique succède immédiatement à l'infundibulum.

A la suite du col il se forme un renflement fusiforme, c'est le plus considérable de tout l'uretère, tant pour la longueur que pour le diamètre ; souvent, à la suite de ce gros renflement il s'en trouve un autre plus petit qui vient s'anastomoser avec la vessie (fig. 2) ; d'autres fois cette terminaison est cylindrique (fig. 1) ; beaucoup plus rarement il y a interversion entre le gros renflement fusiforme et les parties que nous avons décrites comme subséquentes ; dans tous les cas, le point où le canal s'introduit dans la vessie est fort étroit, et, en général, il a beaucoup d'analogie, quant aux dimensions, avec le point le plus rétréci du col uretérique.

Les dimensions de ces diverses parties méritent la plus grande attention, je les ai mesurées avec soin.

L'infundibulum est la première partie membraneuse qui

apparaît attenante au rein ; j'en ai mesuré plusieurs dans leurs diamètres antéro-postérieurs après que l'uretère avait été dilaté par une injection aqueuse faite par l'ouverture vésicale de l'uretère ; j'ai trouvé le diamètre antéro-postérieur variant de 8 à 10 millim.

Quant au diamètre vertical il est plus étendu, en général, puisque l'infundibulum est aplati, on ne doit pas l'estimer à moins de 14 ou 15 millim.; toutefois il faut ajouter qu'il y a quelques variations à cet égard.

La distance la plus importante, celle sur laquelle j'appelle le plus l'attention du lecteur, est celle du col urétérique ; le point le plus rétréci se trouve, en général, à 6 ou 7 centim. de distance du milieu du rein ; cependant on observe aussi des variations. Ainsi, chez un vieillard de 78 ans et de haute taille, je l'ai trouvé à 11 centimètres; dans un cas où le col de l'uretère succédait immédiatement à l'infundibulum, il n'était qu'à 4 centimètres.

Chez deux fœtus mâles à terme que j'ai disséqués, le col de l'uretère existait aussi prononcé que chez l'adulte à 1 et 1 1/2 ou 2 centimètres environ du rein, la totalité de la longueur de l'uretère étant de 6 centimètres.

Il est peut-être plus difficile de donner la longueur du renflement fusiforme qui succède au col, elle m'a paru assez variable; dans trois cas, je l'ai trouvée de 8 à 9 centimètres. Les diamètres transverses, ou épaisseur de l'uretère, ne sont pas moins utiles à étudier. Ainsi, tandis que le diamètre antéro-postérieur de l'infundibulum est de 8 à 10 millimètres, le diamètre du gros renflement fusiforme varie de 6, 7, 8 et même 9 millimètres, tandis que le diamètre de la partie rétrécie, que j'ai désignée sous le nom de col, n'est seulement que de 2 à 3 millimètres. Toutes ces mesures transverses ont été prises avec le compas d'épaisseur à l'extérieur, y compris par conséquent les membranes qui forment l'uretère.

Il est facile de comprendre toute l'importance de ces observations anatomiques. Et d'abord il est évident que, puisqu'il existe deux parties très rétrécies, le col et l'orifice vésical de l'uretère, c'est en ces deux points que les graviers auront le plus de tendance à s'arrêter ; c'est là, en un mot, que doit se former la rétention d'nrine uretérique. C'est justement ce qui eut lieu chez le malade dont nous avons rapporté l'histoire : nous trouvâmes les deux pierres rénales arrêtées à 7 centimètres du rein, c'est-à-dire au col uretérique.

On remarquera aussi que le calibre de l'uretère dans la région du col ne dépasse pas 2 ou 3 millimètres. Toutes les fois donc que le gravier aura des dimensions fort supérieures à ce chiffre, son mouvement descendant sera nécessairement arrêté ; aussi la pierre que nous avons extraite, et qui n'avait pas moins de 6 et 10 millim. dans les deux diamètres extrêmes, s'était-elle complétement arrêtée au col uretérique, ainsi que la pierre de l'uretère droit. Lorsque le gravier a franchi le col uretérique, elle descend dans le gros renflement fusiforme, le plus considérable de l'uretère, puis dans le canal fusiforme inférieur qui donne à toute cette partie une apparence digastrique ; et enfin le gravier arrive à l'orifice vésical de l'uretère, fort étroit, lui aussi ; là, il éprouve un nouvel obstacle quelquefois insurmontable. C'est dans ce cas qu'on a vu l'uretère dilaté peu à peu acquérir les dimensions de l'intestin grêle, avec lequel on l'a confondu au premier abord.

Une autre conséquence semble ressortir aussi des rapports intimes de l'uretère avec les muscles psoas, c'est qu'il est utile, en même temps qu'on fait des traitemens contre la rétention d'urine calculeuse de l'uretère, de faire marcher vivement le malade, si la chose est possible ; car non seulement la position verticale et les mouvemens du corps tendent à faire mouvoir le gravier, mais encore la contraction vive et répétée des fibres allongées du psoas imprime à l'uretère une sorte de mouvement péristaltique qui aide le gravier à descendre, et le précipite vers la partie inférieure.

URETÉROTEMNIE OU TAILLE DE L'URETÈRE.

Après avoir examiné et expliqué les causes anatomiques qui déterminent la rétention des pierres et calculs dans l'uretère, voyons s'il ne serait pas possible d'instituer une opération à l'aide de laquelle on remédierait à ce grave accident.

Remarquons tout d'abord que les pierres rénales, bien qu'étant les causes les plus fréquentes des rétentions d'urines postéro-vésicales ne sont pas les seules.

Les tumeurs développées dans le bassin ont quelquefois amené ce résultat par la compression qu'elles ont exercée sur les uretères, à leur partie inférieure.

Il me semble donc qu'il existe des cas où il y aurait de l'importance à ouvrir l'uretère, soit pour donner issue à des pierres engagées dans ce canal et trop volumineuses, soit pour donner une issue artificielle à l'urine dans le cas d'obstacle insurmontable, résultant de la présence de tumeurs dans le bassin ou de renversement de la matrice, comme dans le cas cité par Roux (1). Avant de décrire cette opération telle que je la conçois, je pense qu'il est utile de donner quelques explications anatomiques sur les rapports de l'uretère.

L'uretère s'étend, d'une manière générale, du rein à la vessie, dans un espace qu'on peut évaluer, ainsi que nous l'avons dit,

(1) Anatomie de Bichat, tome V, page 134.

à 22 ou 24 centimètres ; dans cet intervalle, il affecte des rapports qu'il est d'un haut intérêt d'étudier : il suit le trajet de la colonne vertébrale, appuyé le long du psoas, entouré de tissu cellulaire assez ferme et recouvert, dans toute son étendue, par le péritoine qui le maintient assez fortement uni aux parties sous-jacentes ; en dedans les deux uretères ont des rapports différens suivant qu'on les observe à droite ou à gauche.

À droite, l'uretère côtoie la veine cave dont il est séparé par un intervalle assez étendue ; à gauche, l'uretère côtoie de même l'artère aorte.

En dehors, on ne remarque aucun organe important, il n'y a que du tissu cellulaire. En avant, entre le péritoine qui maintient l'uretère appliqué sur le psoas sans jamais former de repli analogue au mésentère, on trouve les vaisseaux spermatiques qui sont en avant et un peu en dehors ; enfin, vient la masse intestinale et principalement le colon ascendant ou descendant qui recouvrent l'uretère de l'un ou de l'autre côté.

La partie rétrécie, ou col de l'uretère, dont nous avons donné la mesure et la description, affecté un rapport un peu éloigné, il est vrai, mais qui, dans le manuel opératoire, joue un rôle tellement important que je pense devoir insister davantage.

Le rein se trouve placé, cemme nous l'avons dit, dans le sinus de l'angle formé par la douzième côte avec la colonne vertébrale, il est placé vis-à-vis la deuxième et la troisième vertèbre lombaire. L'uretère se détache d'abord de la partie interne du rein et à 6 ou 7 centimètres, se rétrécit d'une manière considérable pour former ce que j'ai appelé le *col de l'uretère ;* ce col se trouve placé vis-à-vis le cartilage inter-vertébral qui sépare la troisième de la quatrième vertèbre lombaire, par conséquent, à peu de chose près et quelquefois vis-à-vis l'apophyse transverse de la quatrième lombaire ; bien que le rein droit soit situé un peu plus bas que le gauche, ces rapports varient très peu ; je me bornerai à donner ces rapports dans l'abdomen ; quant à ceux du bassin, je n'y reviendrai pas, ils sont étrangers au sujet que nous traitons, attendu que je ne pense pas qu'on doive aller attaquer l'uretère dans ce point. Je noterai seulement ici une particularité qui joue un rôle important sur la rétention d'urine, je veux parler des rapports du col de l'utérus avec les uretères ; ils sont tels, dit M. Cruveilhier, que « dans la partie de son trajet, qui est » contenue dans l'épaisseur de la vessie, il répond médiate- » ment au col de l'utérus, et ce rapport explique pourquoi » les cancers du col utérin sont si souvent accompagnés de » rétention d'urine. » On comprend que, dans un cas donné, cette rétention peut être telle qu'elle nécessite l'opération dont nous parlons actuellement.

Pour les cas où le cours des matières fécales est complètement interrompu et d'une façon invincible, soit par suite de hernie, soit par vice congénial, on a imaginé l'opération de l'anus artificiel que l'on a pu pratiquer soit en donnant issue à une anse intestinale à la partie inférieure et antérieure de l'abdomen, soit en attaquant le colon descendant dans la région lombaire gauche.

Il s'agit, pour résoudre le problème que nous avons posé, de faire la même chose sur l'uretère, c'est-à-dire d'ouvrir une voie aux parois abdominales, d'y amener l'uretère et d'ouvrir un passage artificiel à l'urine. Ceci devient indispensable quelquefois, car autrement si le malade atteint de rétention d'urine postéro-vésicale est abandonné à lui-même, la mort est la conséquence de cette rétention absolue.

Nous diviserons l'opération de l'*urétérotemnie* en trois temps :

1º Incision des parois abdominales ;

2º Préhension de l'uretère pour l'amener au dehors ;

3º Incision de l'uretère et extraction de la pierre.

L'incision des parois abdominales doit se faire parallèlement et à 8 centimètres environ de l'épine vertébrale, en dehors de la masse des muscles sacro-lombaires; cette incision doit avoir à la peau 8 à 10 centimètres et s'étendre jusqu'à l'os iliaque; elle doit comprendre successivement la peau, le tissu cellulaire, les aponévroses du petit oblique et du transverse, puis arriver au tissu adipeux qui se trouve dans cette région. Arrivé là on cherche avec le doigt indicateur de la main droite le sommet de l'apophyse transverse de la quatrième lombaire ; cette apophyse sert de guide pour arriver sur le col de l'uretère ; on sait, en effet, que ce col est situé à 4 centimètres en avant de l'apophyse lombaire précitée. On est arrivé sur l'uretère ; le premier temps est accompli.

Deuxième temps. — Le doigt va à la recherche de l'uretère. Lorsqu'on opère sur le cadavre d'un individu dont les organes urinaires sont sains, il est fort difficile de trouver cet uretère, attendu qu'il est membraneux, mou et n'offre aucune résistance; mais si l'on a affaire à un malade atteint de rétention urétérique, il se présentera deux cas : ou bien la pierre sera arrêtée au col urétérique à quelques centimètres au bas du rein, tout près de l'apophyse transverse de la quatrième lombaire, ou bien l'obstacle pierre, ou autre déterminera l'oblitération des uretères à leur insertion à la vessie.

Si l'obstacle a lieu à la partie supérieure de l'uretère, ce sera au col puisque l'infundibulum est vaste et ne peut porter aucun obstacle à la progression du calcul ; alors le doigt placé sur l'extrémité de l'apophyse transverse de la quatrième vertèbre lombaire avançant de quelques centimètres vers la colonne vertébrale, rencontre bientôt la pierre placée dans le canal;

cette pierre sert de guide au doigt qui contourne et détache l'uretère dans l'étendue de quelques centimètres.

Si, au contraire, l'obstacle au cours de l'urine se trouve situé à la partie inférieure, l'urine en s'accumulant peu à peu à déterminé un énorme développement de l'uretère qui, dans quelques cas (ont dit des observateurs), atteint celui de l'intestin grêle. Il est donc facile encore de trouver cet uretère, de le détacher avec le doigt; lorsque ceci est accompli, on peut amener la portion décollée jusqu'à l'orifice de l'ouverture faite à la peau soit avec le doigt en forme de crochet, soit à l'aide d'une sonde cannelée courbée à son extrémité; l'élasticité des membranes uretériques, la laxité de ce conduit permettent assez facilement cette manœuvre; lorsque le canal urinaire est arrivé au dehors, le second temps est accompli.

Troisième temps.—Il ne reste plus qu'à pratiquer l'incision. Lorsque l'obstacle au cours de l'urine siége à la partie inférieure des uretères, que ce canal a pris un développement très considérable, l'opération ne présente nulle difficulté; il suffit de pratiquer une ponction à l'aide de la lancette ou du bistouri, et, après avoir introduit une sonde cannelée, agrandir un peu cette ouverture à l'aide de ciseaux pointus glissant dans la rainure de la sonde; je pense que cette incision ne doit pas avoir plus d'un centimètre d'étendue. Il y a ici, et dans les deux cas, un grave accident à éviter ; on doit redouter que l'urine ne coule dans l'incision qui a été pratiquée pour atteindre l'uretère, qu'elle n'enflamme le tissu cellulaire toujours abondant dans cette région, et, de proche en proche, le péritoine lui-même. Aussi serait-il peut-être prudent, après avoir amené l'uretère sur la sonde à l'extérieur, de passer dessous, à la place de la sonde, un ruban plat composé de plusieurs fils cirés, assez longs pour être ramené et attaché par devant. On pourrait ainsi garder en place cet organe jusqu'à ce qu'il y eût un commencement d'inflammation adhésive ou tout au moins de gonflement inflammatoire ; dans tous les cas, il serait prudent de passer le ruban en question et de le laisser jusqu'à ce que l'adhésion ait eu lieu, soit qu'on ouvrît l'uretère immédiatement, soit qu'on l'ouvrît seulement vingt-quatre heures après, et tenir le malade dans une position qui permît facilement l'écoulement des urines au dehors.

Lorsque l'obstacle au cours de l'urine sera dû à un gravier trop volumineux arrêté au col uretérique, ce qui sera nécessairement le cas le plus fréquent, on devra faire, autant que possible, l'incision sur la pierre elle-même, mais, en raison de la profondeur à laquelle se trouve l'uretère, il est probable que la partie de ce canal, ramené à l'orifice de l'incision faite à la peau, sera un peu plus basse que la pierre qui n'est située, on se le rappelle, qu'à 7 centimètres environ du rein ; il faudrait donc, après avoir fait avec beaucoup de circonspection l'incision aux parois de l'uretère au-dessous de la pierre pour arriver dans la cavité de ce canal, il faudrait, disons-nous, à l'aide d'une pince à serres fines et à dents de rat, saisir le petit calcul et l'amener au dehors par des tractions modérées. Telle est la description que nous donnons de l'ischurie uretérique et de l'opération qui peut y remédier. Maintenant nous déclarons ne l'avoir jamais pratiquée sur le vivant, mais seulement sur le cadavre, et nous nous sommes souvent demandé si elle le serait, ou bien si, comme la néphrotomie, elle ne doit être qu'une opération mentionnée dans les livres ou pratiquée seulement à l'amphithéâtre.

Nous remarquons pourtant qu'il y a une très grande différence entre ces deux opérations, et tout à l'avantage de l'uretérotemnie.

D'abord, quant à l'incision des parties molles extérieures, elle est à peu près la même dans les deux cas pour l'étendue et la profondeur ; les rapports avec le péritoine sont également les mêmes, ainsi que les chances d'infiltration urinaire. Mais dans la néphrotomie il s'agit d'inciser un organe important, très charnu, très vasculaire, très susceptible d'inflammation et de suppuration ; dans l'uretérotemnie il s'agit, au contraire, d'inciser un canal membraneux, mince, peu vasculaire, peu susceptible d'inflammation, inflammation qui, dans tous les cas, aurait peu de gravité et ne saurait en rien compromettre la vie. Ainsi la gravité, le danger sont donc infiniment moindres dans le second cas que dans le premier, et si les dangers que court le malade ont fait renoncer à inciser le rein, la presque innocuité de l'incision de l'uretère devrait, ce me semble, la faire adopter. Le danger, suivant moi, le plus grand de l'uretérotemnie, consiste dans le contact de l'air et du péritoine, le décollement qu'on est obligé d'opérer entre le péritoine et l'uretère pour amener celui-ci à l'orifice pratiqué à la peau, attendu que ce décollement a besoin d'être d'une étendue de 6 ou 8 centimètres au moins ; mais cette considération très grave n'a point empêché de pratiquer l'anus artificiel dans le flanc gauche, de pratiquer la ligature de l'artère iliaque primitive, opérations dans lesquelles il faut décoller bien plus largement encore la membrane péritonéale. Il me semble donc que la main habile et prudente de nos grands chirurgiens pourrait pratiquer l'opération que nous décrivons et préconisons pour la première fois. Et pourquoi, d'ailleurs, ne tenterait-on pas cette opération quand on est convaincu, comme je l'étais, que l'ischurie uretérique doit entraîner la mort du sujet.

Les cas dans lesquels le besoin de l'uretérotemnie sera

indispensable me paraissent, du reste, assez restreints, car il faut cette circonstance assez rare d'une ischurie urétérique complète, c'est-à-dire, d'obstacle absolu au cours de l'urine, résultant, soit de là présence de graviers volumineux dans les deux uretères, soit de la compression de ces deux organes à la fois à leur inosculation dans la vessie; cependant, bien que rares, ces cas se sont présentés plusieurs fois, et l'observation si remarquable que nous avons publiée en est un exemple frappant. Il n'y a pas le moindre doute dans notre esprit à cet égard, si cette opération avait pu être pratiquée à notre malade, il avait de très grandes chances de se sauver. Quoi-qu'il advienne des idées que nous venons de développer, bien qu'elles nous aient coûté beaucoup de recherches et infiniment de travail, nous sommes prêt à les abandonner si elles sont jugées inutiles ou impraticables par les maîtres de l'art. Té-moin d'un fait malheureux qui a excité chez nous la plus vive sollicitude et les plus vives appréhensions, nous avons voulu, en publiant ce fait, dire aussi les réflexions qu'il a fait naître dans notre esprit, afin qu'en présence des mêmes difficultés, un autre chirurgien pût trouver une route indiquée à suivre. Puissions-nous avoir réussi et avoir rendu quelque service à l'humanité; c'est là notre but, notre désir le plus cher.

Paris. — Typographie FÉLIX MALTESTE et Cie, rue des Deux-Portes-St-Sauveur, 22.

9 782019 262433